JE DÉCOUVRE

# LA ROCHE-SUR-YON

## ET SON TERRITOIRE

SOMMAIRE



LA GESTE

# PRÉSENTATION GÉNÉRALE DE LA VILLE

Quelle aventure de raconter La Roche-sur-Yon ! Cette ville injustement méconnue qui a fini par entrer dans l'Histoire à coups de règle et d'équerre, pour conforter Napoléon dans sa volonté de pacifier la Vendée.

L'existence d'une cité antique est cependant réelle, quoique fragmentaire : des traces remontant à la Préhistoire prouvent que des communautés humaines habitaient sur ce roc surplombant la rivière. Les archives, pourtant peu nombreuses, permettent de suivre l'évolution de la ville tout au long de l'Antiquité et du Moyen Âge, même si c'est Napoléon qui fit de La Roche-sur-Yon ce qu'elle est aujourd'hui encore.

Depuis plus de deux siècles, c'est donc au fil du rythme imposé par l'Empereur que la ville a grandi. Parmi les points passionnants à découvrir, le lien entre la ville et son territoire, d'une part, tant son développement est lié à celui de la Vendée ; le lien entre l'urbanisme de la ville et son histoire, d'autre part. On comprend vraiment à quel point l'organisation d'une cité, l'implantation des bâtiments et les choix architecturaux sont liés à une vision et une époque...

# RETOUR AUX TEMPS ANCIENS

Un site imprenable accroché sur de hautes falaises de roc, une rivière coulant à ses pieds, de vastes forêts alentour, quoi de plus naturel que d'adopter ce site stratégique ! C'est ce que firent très probablement les premiers habitants des lieux ; racloirs, hachettes, bifaces : de nombreux outils préhistoriques ont été retrouvés à Chaillé-sous-les-Ormeaux (Rives de l'Yon), Fougeré, Saint-Florent-des-Bois ou Thorigny et témoignent d'une activité humaine dès le Néolithique, puis à la période gallo-romaine (lieu de culte à Landeronde, nécropole à Dompierre-sur-Yon)... vestiges de la présence des Pictons, le peuple gaulois qui a donné son nom au Poitou.

La grotte de saint Yon, à Chaillé-sous-les-Ormeaux, où aurait vécu le saint ermite.



La légende raconte que la rivière doit son nom au saint ermite Yon, qui arriva de la Beauce pour évangéliser la région. Se nourrissant de baies sauvages et logeant dans la grotte qui a gardé son nom, il suit les pas de son maître saint Denis et finit comme lui martyrisé à la fin du IIIe siècle de notre ère, après une vie riche en voyages, en prières et en exhortations de toutes sortes.

Le premier site défensif est probablement édifié pour mettre la population à l'abri dans l'hypothèse où se manifestent les tribus avoisinantes, au lieu-dit « Le Châtelet ».

Le château fort qui le remplace, aux alentours de l'an mil, permet de résister aux attaques des Normands qui ravagèrent la région jusqu'au début du XIe siècle. Il trouve naturellement sa place dans la cité qui vit déjà au rythme du prieuré saint-Lienne.

En 994, en effet, le seigneur de La Roche-sur-Yon obtient les reliques de Saint Lienne, disciple du grand saint Hilaire, tous les deux très vénérés dans le Poitou. Il lui fait élever une chapelle à côté de laquelle est construit par la suite un monastère tenu par les moines de Marmoutier.

En 1092, le seigneur Bernard de la Roche octroie aux religieux du prieuré l'église Saint-Hilaire située « hors les murs », la paroisse, et leur donne « la faculté de construire un bourg » : c'est l'acte fondateur de la ville.

Les précieuses reliques, générant une ferveur religieuse inédite, sont cause d'un rayonnement grandissant de la ville, attirant les pèlerins et facilitant le commerce.

C'est cette vieille ville que l'on peut encore visiter aujourd'hui, malgré la disparition de nombreux édifices médiévaux, comme les portes des vieilles prisons dont on n'a plus qu'un croquis du XIXe siècle...

↑ Portes des vieilles prisons.

Les vieilles portes permettaient l'accès au premier bourg de La Roche-sur-Yon. Il n'en reste plus qu'un croquis de 1843, quelque temps avant leur destruction.

À partir du XIe siècle, les archives mentionnent la ville dans un contexte d'émergence de seigneuries locales et on peut suivre l'histoire de La Roche-sur-Yon à travers ses différents seigneurs, Bernard de La Roche, Hugues, Radulphe et de nombreux autres, jusqu'au XIIIe siècle où la seigneurie passe dans la famille Mauléon, par le mariage de Béatrice, dame de Machecoul, de Luçon et de La Roche-sur-Yon avec Guillaume de Mauléon. Devenue veuve, Béatrice épouse Aimery, vicomte de Thouars, et transmet à sa fille Jeanne ses terres qui entrent ensuite dans la famille d'Anjou, qui en demeure propriétaire jusqu'au XIVe siècle.

→ **Statue de saint Lienne devant l'église Saint-Louis.**
Aujourd'hui encore, saint Lienne accueille les fidèles à l'entrée de l'église Saint-Louis. À ses pieds, un extrait des écrits de son maître, saint Hilaire, qui est devenu docteur de l'Église pour avoir lutté contre les hérésies, notamment l'arianisme (*Argumentatio contra arianos*).



# L'abbaye des Fontenelles

Au début du XIIIe siècle, Béatrice de Machecoul, dont la légende se souvient sous le nom terrifiant de « l'ogresse de Machecoul », fonde l'abbaye Notre-Dame-des-Fontenelles au cœur de la forêt yonnaise. L'édifice, devenu privé et aujourd'hui en ruines, a rayonné pendant des siècles jusqu'à la Révolution française, en dépit des destructions causées notamment lors de la guerre de Cent Ans puis au cours des guerres de Religion. Elle est le dernier, sinon le seul vestige médiéval sur le territoire, mais aussi la dernière grande abbaye construite en Bas-Poitou. Elle n'est cependant pas ouverte à la visite.

## Un haut lieu d'histoire : La Chaize-le-Vicomte

La commune de La Chaize-le-Vicomte a gardé, aujourd'hui encore, un riche patrimoine médiéval. Elle est bien représentative du caractère stratégique et central de la région au fil de l'histoire. Mentionnée dès le XIe siècle sous l'appellation de *Casa Vicecomitis*, « la maison du vicomte », la commune est le siège des vicomtes de Thouars qui y établissent un relais de chasse puis leur résidence, dont il reste encore quelques remparts aujourd'hui. Avec ce château, cette famille se munit en Bas-Poitou d'une nouvelle place forte, relais de son pouvoir féodal. La seigneurie de La Chaize intégrera dans sa mouvance noble plus d'une vingtaine de seigneuries et fiefs. Aimery IV de Thouars, le neuvième du nom, en est le véritable fondateur. C'est lui qui fait édifier l'église Saint-Nicolas en 1099, un trésor d'architecture romane.

# L'église Saint-Nicolas

Désireux de doter le prieuré de La Chaize d'une église, Aimery IV fait construire une imposante église romane en granit à partir de 1080. Dédiée à saint Nicolas, elle fait partie du prieuré des moines de Saint-Florent de Saumur. Inaugurée en grande pompe en 1099 comme église prieurale, elle devient paroissiale à partir du XVIe siècle. Son architecture, son histoire, ses décors et sa statuaire font d'elle un cas unique dans la région.

↑ Le lavoir.
Considéré comme l'un des mieux conservés et des plus intéressants de Vendée, le *douet*, ou lavoir municipal, date de 1872.



↓ Les remparts du château.

Aux marches de l'Aquitaine et de l'Anjou, la seigneurie de La Roche-sur-Yon entre ainsi, situation stratégique oblige, dans le théâtre des affrontements entre couronnes anglaise et française, qui culminent au cours de la guerre de Cent Ans lors du siège de 1369.

Ce siège est resté célèbre, notamment à cause de la trahison du gouverneur de la citadelle qui était convoitée par les Anglais depuis longtemps. Ordonné par le Prince de Galles, le « Prince Noir », le siège est soutenu sans faillir par les habitants, mais le commandant de la place, Jean Belon, cède à l'appât du gain et livre La Roche pour 6 000 livres ! La légende raconte que c'est depuis le moulin de la Garde, qu'on peut encore voir aujourd'hui, que le traître envoya les signaux qui permirent aux Anglais d'investir la ville. Il termina dans un sac au fond de l'eau pour prix de sa trahison, et il faudra attendre quelques années pour qu'Olivier de Clisson reprenne la ville pour le compte du duc d'Anjou.

Revoilà donc La Roche-sur-Yon dans le giron français, puis dans la famille Bourbon par le mariage d'Isabelle de Beauvau avec Jean de Bourbon, comte de Vendôme, au milieu du XVe siècle. Elle acquiert ainsi définitivement ses lettres de noblesse, en passant au statut de principauté, ce qui lui vaut d'être distraite du ressort de Poitiers. Au fil des mariages et des successions, la seigneurie se transmet donc.

Vers le tournant du XVIe siècle, on la voit appartenir à Charles de Bourbon, prince de La Roche-sur-Yon, dont l'histoire raconte qu'il venait quelquefois dans son vieux château pleurer la mort de son fils unique, précipité dans la Sèvre lors d'une chasse.

Au début du XVIIe siècle, la voilà dans les mains de la maison d'Orléans (mariage de Marie de Bourbon avec le duc d'Orléans en 1626) puis de celles des Bourbon-Conti tout au long du XVIIe siècle. Bien qu'honorifique, ce titre de prince de La Roche-sur-Yon est porté par différents membres de la famille royale jusqu'à la Révolution.

C'est à cette date (XVIIe siècle) que s'amorce le déclin de la ville, notamment lorsque, conscient du caractère stratégique du château et de l'enjeu qu'il représente dans la lutte entre catholiques et protestants, Louis XIII le fait démanteler en 1629, ou plutôt son Premier ministre Richelieu, qui connaissait très bien le diocèse pour en avoir été évêque quelques années plus tôt.

↑ **Le moulin de la Garde.**
Le moulin de la Garde, tel qu'on peut le voir aujourd'hui, fut l'instrument de la trahison pour le Prince Noir en 1369.

# LA VIEILLE VILLE

La Roche-sur-Yon abritait environ 750 habitants à la fin du XVIIIe siècle, lesquels se répartissaient autour de la place de la Vieille-Horloge, cœur battant du bourg et siège du vieux beffroi qui, depuis 1500, indiquait l'heure et éclairait la nuit. Malgré des travaux de réfection au début du XIXe siècle, il a été détruit en 1842 du fait qu' il menaçait de s'écrouler.

Les vieilles rues qui desservent la place portent encore la mémoire de leur fonction : rue du Vieux-Marché (où se tenait la cohue depuis 1375), rue des Trois-Piliers (ancien gibet seigneurial), rue de la Poste-aux-Lettres (mentionnée dès 1691, elle est l'une des plus anciennes du Bas-Poitou), rue Saint-Hilaire (qui conduisait à l'église du même nom aujourd'hui disparue), ou de leur destination, telle la rue d'Ecquebouille menant au faubourg éponyme.

↑ Lavoir à Ecquebouille.

Au pied du château, le faubourg d'Ecquebouille.



# La rue d'Ecquebouille

Quel drôle de nom, issu du vieux français et signifiant : « l'eau qui bouille » ! Le faubourg du même nom, au pied des remparts du vieux château, était en effet traversé par un gué (il faut attendre 1874 pour y voir installé un pont !) qui permettait de traverser l'Yon. C'est l'eau bouillonnant au-dessus des pierres de ce gué qui a donné son nom au faubourg. D'autres historiens avancent que le nom viendrait des nombreux lavoirs disséminés le long de la rivière à cet endroit. Battant et rebattant leur linge, les lavandières faisaient bouillonner l'eau de la rivière au milieu de discussions fort animées.

Sur la place se dresse le plus ancien édifice de la ville : la Maison Renaissance. Inspirée par l'architecture italienne de la Renaissance, localement inédite, elle date de 1566, comme le rappelle la gravure au fronton de la fenêtre. Appelée aussi maison du gouverneur, construite sur l'ordre du troisième prince de La Roche-sur-Yon, Charles de Montpensier, elle comprend deux étages desservis par un bel escalier à vis de type médiéval et possède cinq cheminées en granit, des fenêtres à meneaux et croisillons. Elle est classée monument historique depuis 1930.

← Maison Renaissance.



À côté de la Maison Renaissance, on peut apercevoir l'ancien Hôtel de Ville, dans la rue de la Roche-sur-Yon, et, sur la place, la Maison des artisans qui est un bel exemple d'architecture du XVIIIe siècle. C'est le coeur battant de l'ancienne ville.

# L’impact des Guerres de religion en Vendée

Ayant essentiellement lieu à la charnière des XVIe et XVIIe siècles, les Guerres de religion ont eu un impact important en Vendée où la Réforme s’était beaucoup développée. Le Roi Louis XIII lui-même vient combattre dans la région, notamment contre les troupes du duc de Soubise converti au protestantisme, et loge à La Roche-sur-Yon en se dirigeant vers Fontenay-le-Comte. Le siège de La Rochelle, en 1628, achève de réduire les forces des réformés. L’insurrection des nobles bas-poitevins entraîne la destruction de nombreuses forteresses, comme le château de La Roche-sur-Yon, désarmé par une ordonnance de Louis XIII en 1629.

↓ Au pied du château devenu caserne militaire puis Cité Travot, les remparts.

# À LA CROISÉE DE DEUX MONDES

Nous voilà à l'orée d'une période qui apporta bien des bouleversements dans la région. À cette époque, la ville reste modeste, notamment du fait de l'éloignement des princes qui font administrer leurs terres par des fermiers, des conséquences des guerres de Religion qui ont vu l'affaissement de son poids militaire, administratif et judiciaire, et enfin de l'enclavement routier qui pèse sur les communications. En janvier 1790, lorsque la création des départements est adoptée par l'Assemblée nationale, c'est donc naturellement Fontenay-le-Comte qui devient la capitale de la Vendée. La Roche-sur-Yon devient le siège de l'un des six districts du département.



Au début la Révolution fut plutôt bien accueillie par les populations locales mais plusieurs évènements vont entraîner des soulèvements paysans. C'est surtout en 1790 lorsque l'Assemblée constituante vote la constitution civile du clergé et en 1793, lorsque l'Assemblée de la convention recourt à la levée en masse de 300 000 hommes que les paysans vendéens se soulèvent (pour défendre la remise en cause de leur religion et ne pas servir un gouvernement qu'ils contestent). C'est le début des guerres de Vendée qui feront des dizaines de milliers de victimes.

Pendant deux ans, de 1793 à 1795, La Roche-sur-Yon se trouve dans la zone des combats. Elle est occupée par les Vendéens de mars à août 1793, lesquels y mettent en place une administration provisoire, puis par les Républicains qui prennent la ville et l'incendient au début de l'année 1794. Le traité de La Jaunaye signé en 1795 marque la fin fragile des combats, avant que Thermidor vienne mettre fin à la Terreur. À Paris, on continue néanmoins de se méfier de cette partie du pays, appui possible à une contestation royaliste ou à une puissance étrangère. Les gouvernements mènent donc une politique alliant reconstruction, apaisement et fermeté. Le coup d'État, en novembre 1799, du général Bonaparte ouvre une ère nouvelle : obnubilé par la crainte d'une nouvelle guerre fratricide, il envisage une nouvelle cité moderne, centrale, accessible et efficacement administrée : La Roche-sur-Yon va renaître de ses cendres.

Gravure représentant Céleste Bulkeley (v. p.44).

# ET NAPOLÉON ARRIVA...

En 1803, alors Premier Consul, Napoléon Bonaparte envoie un inspecteur de la gendarmerie, le général Gouvion, dans tout l'ouest de la France, avec la mission de trouver des solutions pour pacifier la région, à nouveau ébranlée par des troubles. La paix d'Amiens notamment, qui réconciliait enfin la France avec l'Angleterre, vient en effet d'être rompue, présageant de possibles soulèvements soutenus par les Anglais. Son rapport, daté d'avril 1804, souligne que l'instabilité provient essentiellement d'une organisation déficiente de l'administration et d'un isolement excessif de la région.

La solution que propose le général Gouvion, conseillé par l'abbé Herbert, le curé d'Aizenay, est simple : réorganiser le département en transférant le chef-lieu de Fontenay-le-Comte à La Roche-sur-Yon, beaucoup plus centrale, restructurer la ville et développer le réseau routier pour « civiliser la Vendée ».

Le 25 mai 1804, Napoléon, devenu entre-temps empereur (depuis une semaine !), signe l'arrêté de fondation de la ville.

Blason de la ville. Ce blason, atypique, vestige de son histoire napoléonienne, évoque l'ancienne cité sur son rocher. Les deux mains serrées rappellent la fidélité de la ville à Napoléon, quant à lui évoqué par son initiale.

Si, aujourd'hui encore, Napoléon marque de son empreinte chaque coin de rue, il n'a, en réalité, passé que… quelques heures à La Roche-sur-Yon.

En août 1808, de retour d'Espagne, Napoléon remonte toute la côte atlantique et s'arrête le 8 dans « sa » ville, notamment pour y apprécier l'avancement des travaux depuis quatre ans.

Si les sources divergent sur le déroulé précis de sa visite, toutes s'accordent à dire que l'Empereur n'a en rien été satisfait de l'évolution des travaux. À cette date, la préfecture n'est pas encore terminée, une auberge située sur la place centrale est le seul bâtiment susceptible d'accueillir l'Empereur et toute la ville ressemble encore à un vaste chantier. Napoléon avait bien spécifié deux ans plus tôt qu'il fallait « tout sacrifier à la célérité ». Mais à quel prix ! Les 3 millions de francs qu'il a accordés en 1804 se sont vite révélés insuffisants face à l'ampleur des travaux, et c'est 6 millions qui sont débloqués suite à la visite du 8 août. En jeu : la construction de la préfecture, les casernes, le tribunal, les halles et le champ de foire, l'hôpital et les lycées ; mais aussi église, séminaire, maison civile et militaire et l'aménagement de la ville (grande place, boulevards, pavage des rues…).



**Plaque du 8 août 1808**
Aujourd'hui encore, sur la place Napoléon, une plaque rappelle le lieu de LA visite de l'Empereur à La Roche-sur-Yon, en 1808.

# LA VILLE DE NAPOLÉON

Napoléon a suivi de très près la construction de cette ville nouvelle. Tant d'enjeux en dépendent! Les objectifs sont nombreux: affirmer et accroître l'efficacité de l'administration, modifier le réseau urbain pour créer une ville nouvelle, enfin développer le réseau routier pour en faire le principal nœud de communications du département.

Le décret qu'il signe le 25 mai 1804 manifeste donc une double ambition: créer une ville nouvelle susceptible d'accueillir 15000 habitants en remplissant des fonctions administratives, militaires, éducatives et commerciales, mais aussi vis-à-vis de l'ensemble du département, créer un territoire moderne et accessible pour « civiliser la Vendée ».

Dates, délais, bâtiments, plans, moyens fournis, répartition des tâches entre les différents services de l'État: tout est minutieusement précisé par Napoléon qui vise systématiquement les différents plans qui lui sont proposés, amendant même ceux qui ne lui conviennent pas!

On peut donc parler d'une sorte de laboratoire social pour définir cette nouvelle ville. Fidèle à sa définition des « masses de granit » – ces institutions nécessaires pour renforcer l'État et consolider son lien avec la société –, Napoléon entend faire de la ville nouvelle une vitrine de ce qu'est une société moderne et apaisée. Il confie la réalisation des plans, mais aussi celle des bâtiments publics, civils et militaires, aux ingénieurs des Ponts et Chaussées.

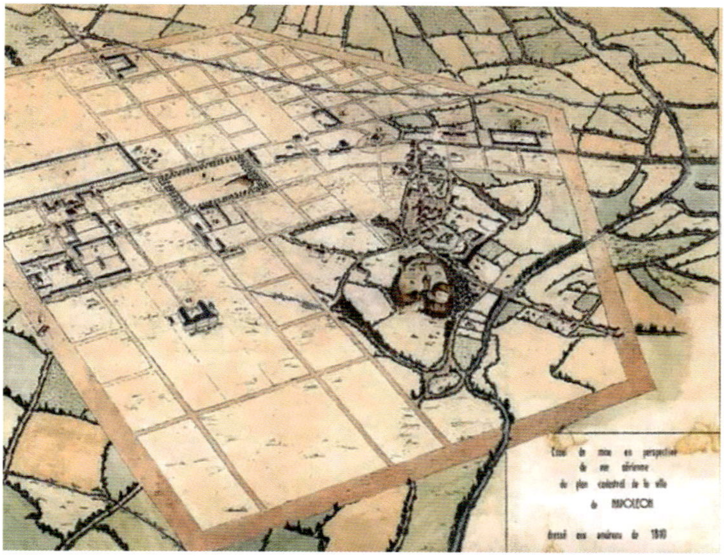

← Plan de la ville à l'origine, perspective de 1810.

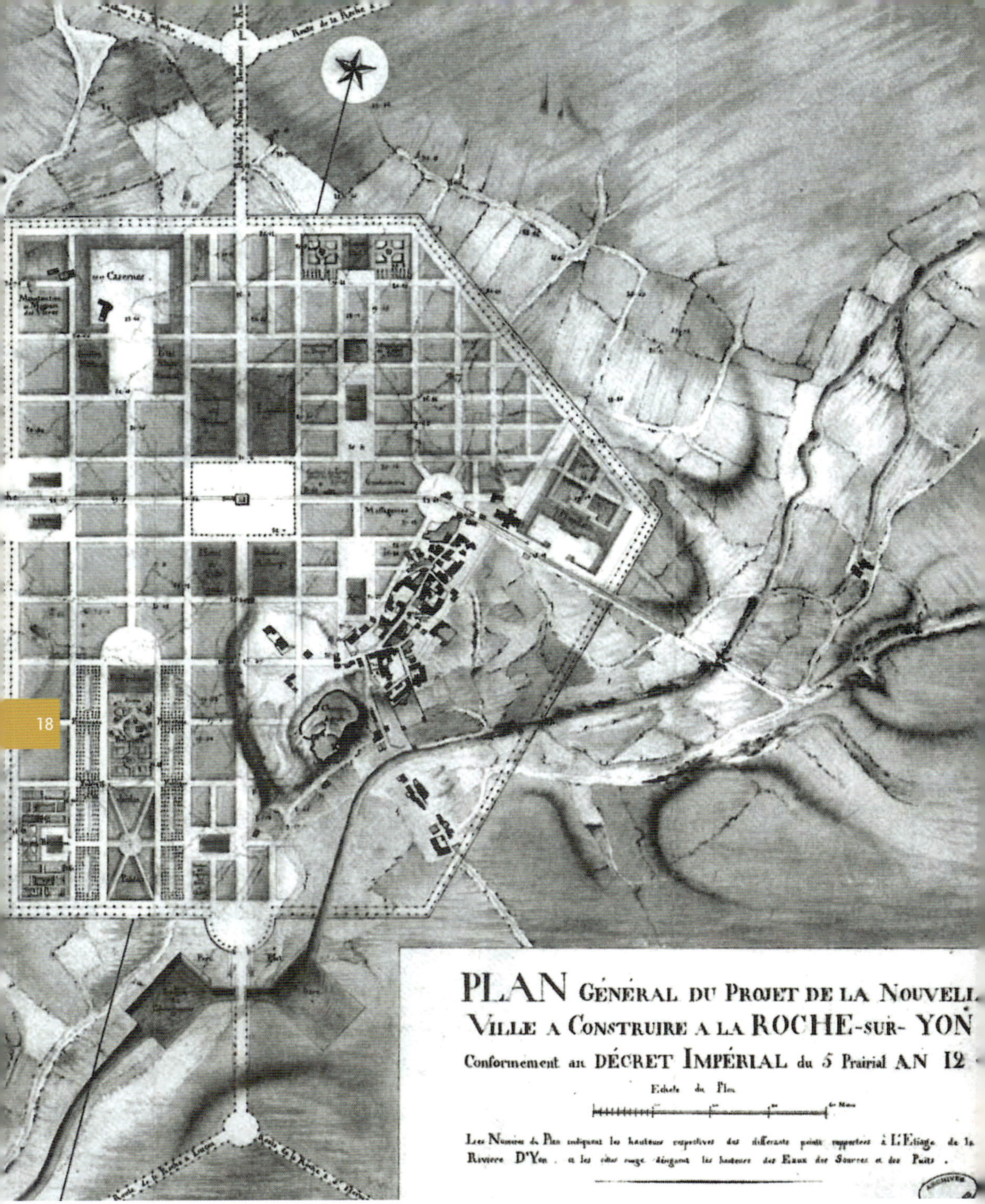




Plan de la ville datant du 5 prairial de l'an XII (25 mai 1804).

# Le plan de la ville

Les ingénieurs travaillent remarquablement vite pour établir le nouveau plan de la ville. Moyen de mettre en lumière les Ponts et Chaussées ? Peut-être, puisqu'il n'y a pas eu de fondation de ville nouvelle en France depuis le XVII^e siècle, ce qui en fait un enjeu particulier. Dès l'origine, il est spécifié que la ville nouvelle doit pouvoir accueillir 12 000 à 15 000 habitants. Elle est située sur un plateau, englobant le bourg ancien et s'organisant autour d'une immense place. Celle-ci est le point central d'où partent les deux grandes routes (axes nord-sud et est-ouest) qui divisent la ville en quatre quartiers, chacun étant doté d'une place secondaire avec une vocation spécifique. Délimité par de larges boulevards, le plan a la forme d'un pentagone pour intégrer l'ancien bourg tout en gardant la symétrie nécessaire à une organisation parfaitement rationnelle, rappel du modèle urbain de l'Antiquité alors synonyme de la plus grande modernité.

Dernier vestige des bâtiments napoléoniens : la Maison Gueffier.

# Le Pisé

Les écarts entre les coûts des travaux et la volonté de les réaliser rapidement sont tels que la décision est prise par Napoléon, suite au Conseil d'administration de mars 1806, de construire en pisé les principaux bâtiments, au détriment de leur prestige. Cette technique de construction, mélange de terre et de paille, rapide et peu coûteuse, est importée du Dauphiné par François Cointereaux. Dernier vestige de cette époque, la Maison Gueffier, du nom de son dernier propriétaire, résiste vaillamment aux aléas climatiques et témoigne de la naissance de la ville napoléonienne. Elle est aujourd'hui devenue un centre artistique et une résidence d'écrivains.

← Frises surplombant l'entrée de la maison Gueffier.

# LES PREMIERS BÂTIMENTS

La population augmente petit à petit. De 850 en 1805, les habitants passent à 2 800 dix ans plus tard, venus construire, administrer ou investir. Les constructions se développent et puisent dans le répertoire néoclassique, cher au siècle des Lumières. Les bâtiments publics doivent impressionner par leurs dimensions et leurs références à l'Antiquité. L'Hôtel de Ville et son architecture inspirée d'Italie, le Palais de justice et la prison attenante, les lycées militaires et l'église Saint-Louis sont disposés sur la place centrale de façon à constituer un urbanisme à la fois rationnel et symbolique.

## La préfecture

Achevée en 1810 après plusieurs années de travaux, la préfecture se distingue des autres bâtiments publics par ses références à l'architecture locale. Avec son bâtiment central et ses deux ailes majestueuses qui forment une cour d'honneur, elle ressemble à un hôtel particulier avec ses belles pierres de taille. On doit son emplacement sur une place secondaire au préfet qui voulait éviter aux fonctionnaires l'agitation de la ville. Elle est prolongée par un parc et entourée d'une place dont toutes les maisons sont disposées à seule fin de la mettre en valeur.

← Véritable hôtel particulier, la préfecture n'a pas bougé depuis 200 ans.

## L'Hôtel de Ville

Installé à l'origine au cœur de la vieille ville, l'Hôtel de Ville devient, à partir de 1804, le symbole fort d'un État de droit.

Confié à l'ingénieur des Ponts et Chaussées Duvivier, le projet d'Hôtel de Ville est approuvé en 1810 et est le seul bâtiment municipal construit sous le Premier Empire. Il est inauguré en 1813 puis surélevé en 1843.

L'Hôtel de Ville aujourd'hui..



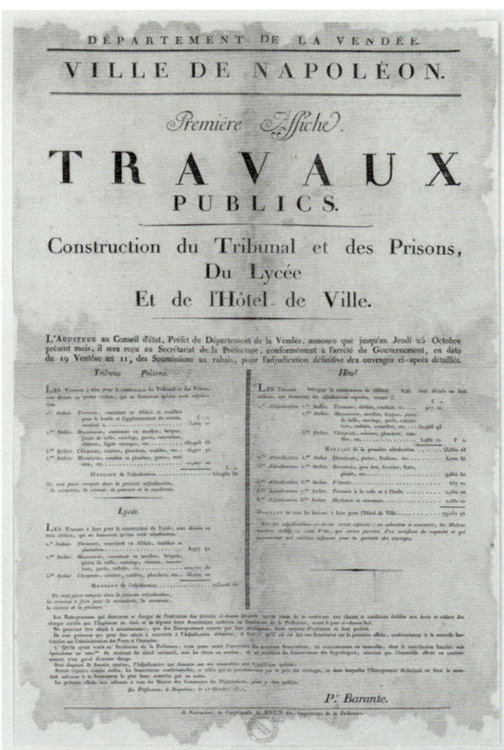

DÉPARTEMENT DE LA VENDÉE.

VILLE DE NAPOLÉON.

*Première Affiche.*

TRAVAUX PUBLICS.

Construction du Tribunal et des Prisons, Du Lycée Et de l'Hôtel de Ville.

L'Auditeur au Conseil d'état, Préfet du Département de la Vendée, annonce que jusqu'au Jeudi 25 Octobre présent mois, il sera reçu au Secrétariat de la Préfecture, conformément à l'arrêté du Gouvernement, en date du 19 Ventôse an 11, des Soumissions au rabais, pour l'adjudication définitive des ouvrages ci-après détaillés.

[illegible]

P.t Barante.

Affiche du préfet pour le lancement des travaux de l'Hôtel de Ville.

## Saint Louis

Ajoutée au plan de la ville suite à la visite de Napoléon d'août 1808, l'église Saint-Louis sort de terre lentement, au terme de désaccords nombreux entre ingénieurs et financiers. Plusieurs plans sont nécessaires avant que soit définitivement actée la construction de cet édifice impressionnant – c'est la plus grande église de Vendée – aux lignes néoclassiques si caractéristiques. L'originalité du bâtiment réside dans sa majesté, son austérité et ses références à l'Antiquité si appréciées au siècle des Lumières. Inspirée par l'église Saint-Philippe-du-Roule de Paris et conçue sur un plan basilical, elle est achevée en 1829, après de nombreux changements, à commencer par l'ajout de deux chapelles latérales essentiellement destinées à éviter l'effondrement des murs écrasés par une lourde charpente de bois.

Tout est fait pour impressionner : la façade néoclassique avec ses colonnes inspirées du dorique romain, le fronton triangulaire, l'entablement et les deux tours légèrement en retrait ; mais également le volume intérieur marqué par une immense nef centrale, les deux lignes de colonnes corinthiennes qui supportent un entablement continu sur lequel repose une très belle voûte de bois aux caissons peints.

Il faudra attendre 1870 et la chute définitive de l'Empire pour que des aménagements plus baroques soient introduits, comme l'immense baldaquin surplombant le maître-autel. Les vitraux colorés, dans lesquels on peut lire toute l'histoire de la vie du Christ, viennent animer l'austérité des lieux à partir de cette date. L'église conserve également un très beau chemin de croix formé de quatorze tableaux de belles dimensions. Elle a été classée au titre des monuments historiques en 1982.

← **L'église Saint-Louis.**
Les dimensions de l'église : Longueur totale : 72 m ( longueur intérieure : 60,30 m ), largeur totale : 51 m ( sans les chapelles : 26,80 m ), hauteur : 18,50 m. La nef est éclairée par 8 baies de 3,50 × 1 m, hauteur des clochers : 33,50 m.

↑ Façade de l'église Saint-Louis

# Le trésor de la Vierge à l'enfant

Conservée dans la chapelle de la Vierge de l'église, cette belle statue en bois polychrome date du XIVe siècle. Elle représente la Vierge Marie exceptionnellement pieds nus tenant dans ses bras l'enfant Jésus. Lui-même tient un globe et, détail étonnant, joue avec le foulard de la Vierge. Notre-Dame-de-la-Roche, car tel est son nom, était située à l'origine dans l'ancienne église Saint-Hilaire. Elle fait aujourd'hui partie des trésors de la ville.

← Statue de Notre-Dame-de-la-Roche.

## Statue équestre

Devenue l'un des emblèmes les plus reconnaissables de la ville, la statue équestre de Napoléon trône depuis 1854 au centre de la place qui porte son nom. Érigée à la demande des élus locaux pour fêter le cinquantenaire de la ville, elle a bénéficié de la participation de plus de 150 communes vendéennes qui ont ainsi contribué à son financement ! Le sculpteur Emilien de Nieuwerkerke, également directeur des musées impériaux, en est l'auteur. Les chroniques de l'époque relatent le succès impressionnant qu'a connu la statue lors de son installation, en présence d'une foule immense et enthousiaste. Très semblable à celle de Lyon, aujourd'hui disparue, elle se démarque par le doigt impérial qui pointe le sol de « sa » ville. Elle a été classée monument historique au cours de l'été 2016 par la Direction régionale des Affaires culturelles.

↑ Elle est l'une des six statues équestres de l'Empereur recensées en France, et la seule à être toujours située à son emplacement originel.

# Les différents noms de la ville

Fait unique dans l'histoire des villes européennes, la ville a changé huit fois de nom au cours du XIXe siècle ! Ou comment suivre l'histoire des changements de régimes grâce à la toponymie !

Jusqu'en 1804, Rocha Super Yonem est progressivement devenue La Roche-sur-Yon.

Lors de sa refondation, le préfet, M. Merlet, probablement désireux d'attirer les bonnes grâces du pouvoir, propose de changer le nom de la ville : jusqu'en 1814, elle s'appelle Napoléon. Si cette idée pouvait sembler des plus opportunes pendant le Premier Empire, elle l'est un peu moins lors de la Restauration. Qu'à cela ne tienne, elle deviendra Bourbon-Vendée, jusqu'au retour de l'Empereur, lors des Cent-Jours, où elle reprend son nom de Napoléon. Mais les Cent-Jours s'achèvent et le conseil municipal, pragmatique, propose de reprendre le nom de Bourbon-Vendée. Après l'éphémère Seconde République (1848-1852), la ville devient Napoléon-Vendée jusqu'en 1870 date à laquelle elle retrouve définitivement son nom de La Roche-sur-Yon !

Sculpture du bicentenaire.
Située sur la place devant la préfecture, cette sculpture signée Jean-Pierre Viot commémore le bicentenaire de la ville (1804-2004), chaque plaque de lave émaillée représentant une année et chaque couleur symbolisant un nom différent de la ville.

# LA VILLE SE DÉVELOPPE

Vers le milieu du XIXe siècle, la ville se développe à tel point qu'on a pu parler d'une seconde fondation. C'est l'époque où, après la première vague de grands travaux publics, un second souffle, essentiellement porté par la municipalité, permet la construction de nouvelles casernes, d'un théâtre, l'agrandissement de l'Hôtel de Ville ou encore un dépôt d'étalons.

Par leur architecture, ces nouveaux bâtiments s'inscrivent dans le prolongement de l'époque napoléonienne et participent à l'homogénéité du décor urbain : animation, attractivité, développement sont les maîtres-mots d'alors. Des entrepreneurs participent au développement de la ville, dans le centre, sur les bords de l'Yon et dans les communes voisines. La Roche-sur-Yon devient progressivement la première ville du département.

## Enfin un théâtre digne de ce nom !

Réclamé par les habitants depuis longtemps, le théâtre municipal sort de terre en 1845. Il est construit à l'emplacement et avec les matériaux des vieilles casernes, qui sont reconstruites sur l'emprise du vieux château.

Il vient combler un manque à une époque où l'on s'enorgueillit de posséder un théâtre en propre, et non plus une comédie au sein des Halles, comme c'était le cas jusqu'alors. Dans la lignée néoclassique des bâtiments publics napoléoniens, par ses proportions, sa structure et ses colonnes de style dorique, le théâtre emprunte son architecture au temple. L'intérieur, entièrement construit en bois, est à l'italienne, avec une organisation en fer à cheval et de ravissants décors qui mettent en valeur la richesse du plafond. Celui-ci est enrichi d'une coupole divisée en caissons accueillant chacun une toile marouflée du peintre Georges Levreau, alternant muses et bouquets de fleurs.

En 1912, il est le premier bâtiment public à être raccordé à l'électricité !



Le Théâtre municipal.

## Le plafond et son lustre

Le plafond en coupole est l'élément majeur de l'intérieur du théâtre. En son centre, un immense lustre de cristal de 2,33 m de hauteur et 1,66 m de diamètre. Il a été installé en 2005, d'après des dessins de 1845 retrouvés dans les archives du théâtre. On ne sait donc pas si un tel lustre avait ou non été installé avant cette date ! Les muses dessinées par le peintre Levreau représentent la poésie, épique et lyrique, la comédie et la tragédie.

## Musée

Si le musée municipal est créé en 1847, ce n'est qu'en 1878 que le bâtiment actuel accueille les premières collections, notamment les toiles de Paul Baudry, illustre figure yonnaise, ou, plus tard, les dessins de Benjamin Rabier qui feront également les beaux jours du musée, tout comme, depuis les années 1980, les collections de photos contemporaines venues enrichir le fonds.

Reproduisant les volumes de l'Hôtel de Ville auquel il fait face, le musée est dominé par un grand fronton triangulaire qui présente une allégorie des arts, sculptée en bas-relief.

Le musée municipal.

Le développement de la ville s'accélère avec l'arrivée, en 1866, du chemin de fer, qui bouleverse la vie économique et sociale : le long de la voie ferrée, débordant du pentagone, s'installent des ateliers, des industries et des commerces qui multiplient les échanges et amplifient la croissance de la ville. C'est de cette époque que datent de nombreux hôtels particuliers témoins de la prospérité nouvelle de la ville.

Gare de La Roche. Amusant : au moment où la gare est inaugurée, en 1866, la ville porte le nom de Napoléon-Vendée. C'est le nom qu'elle conserve, aujourd'hui encore, sur son fronton !

# UN HARAS NATIONAL AU CŒUR DE LA VILLE

Le développement de la filière équine et chevaline (notamment pour des raisons militaires) justifie que la ville se voie accorder par Louis-Philippe la construction d'un haras national en 1842. Enfin! Car depuis 1806 et la création par Napoléon des haras contemporains (création des arrondissements et organisation administrative des haras), la ville et le Conseil général n'ont eu de cesse de réclamer pour La Roche-sur-Yon l'édification d'un haras national. Le développement de la filière en Vendée, conjuguée aux difficultés que connaît la circonscription de Saint-Maixent dont elle dépend, joue en faveur de La Roche et le projet est finalement lancé.



Les travaux durent de 1843 à 1846 et permettent son édification sur un terrain de 4,5 ha dans l'angle sud-ouest de la ville, disposé en un grand rectangle clos de murs. Le haras est édifié à l'emplacement de l'ancien jardin botanique et bénéficie notamment d'une grande allée de tilleuls qui sert de piste d'exercice.

Les bâtiments de style néoclassique sont dus à l'architecte départemental Joseph Mallet et présentent un volume géométrique et hiérarchisé comprenant deux écuries au sud du site, une sellerie et, au centre, la maison du directeur. Infirmerie, forge et logement vétérinaire sont ajoutés en 1845. De nouvelles écuries sont construites en 1876 puis au début du XX$^{e}$ siècle pour compléter l'ensemble et permettre d'accueillir jusqu'à 220 étalons, toujours dans le respect de l'esprit des lieux pour conserver l'unité architecturale du site.

↓ Dans la cour d'honneur du haras de la Vendée.

Les haras sont organisés de manière très hiérarchique : le directeur est nommé par le ministère dont dépend le haras (il peut s'agir de l'Intérieur, de l'Agriculture et du Commerce ou des Beaux-Arts et de la Maison de l'Empereur en fonction des époques). Il est secondé dans sa mission par un sous-directeur et une foule d'agents aux métiers divers : surveillants, forgerons, vétérinaires, brigadiers, palefreniers, etc. Chaque agent soignant deux à trois chevaux, leur nombre varie en fonction du nombre d'étalons présents à l'entrepôt. Cette hiérarchie est prolongée dans la géographie du site : imposante, la maison du directeur trône au centre du parc, délimitée par un périmètre à l'intérieur duquel chevaux et palefreniers ne sont pas autorisés à pénétrer. Tout autour, le jardin du directeur doit ses belles allées aux tracés irréguliers, ses parterres et ses bosquets au talent du pépiniériste André Leroy, créateur de jardins réputé au XIX^e^ siècle. En lisière du site, la maison du sous-directeur, demeure bourgeoise aux passements de toits saillants, indique également l'importance de ses occupants.

↓ Vue aérienne du haras de la Vendée.

↑ Haras : maison du sous-directeur.

Mais le cheval perd une grande partie de son importance après la Première Guerre mondiale, surtout avec le développement automobile qui met définitivement fin à l'hégémonie des chevaux. Le haras perd de son importance, même s'il conserve un rôle dans la préservation des races et la transmission des savoir-faire, produisant notamment plusieurs champions de grands prix.

Le haras fait partie des plus beaux sites de la ville. C'est, aujourd'hui, essentiellement la transmission d'un patrimoine et d'un savoir-faire ancestral qu'il perpétue, avec des visites culturelles, des formations sur les métiers liés au cheval, tels que la sellerie, la maréchalerie et l'attelage, et, bien sûr, des représentations d'arts et de spectacles équestres.

→ Un des occupants des écuries.

# LES HALLES
## D'HIER À DEMAIN

Les foires et marchés remontent au XII$^{e}$ siècle, du moins c'est à partir de cette date que l'on en garde mémoire. Ils prospèrent en se spécialisant, connaissant un grand succès jusqu'au milieu du XX$^{e}$ siècle, avec le marché des bovins place de la Vendée, celui des volailles et des cochons place de la Résistance ou encore le marché aux chiens place de la Vieille-Horloge.

Les Halles proprement dites, appelées alors « cohue », ont toujours été situées au cœur de la vieille ville, au même endroit qu'aujourd'hui. Mais que de changements dans l'organisation ! Les premières halles conçues par les ingénieurs napoléoniens viennent remplacer en 1812 les baraques provisoires. De brique et de pierre, elles sont divisées en trois salles réservées à l'entrepôt, aux ventes de grains, de faïence, de toiles, etc. Elles sont progressivement pavées puis dotées d'une poissonnerie, puis de deux galeries extérieures.

Un incendie en 1884 oblige la ville à reconstruire un nouveau marché dont la conception est confiée à un certain M. Michelin, ingénieur de son état. Innovant, il emploie du fer et des colonnes de fonte qui supportent une vaste toiture vitrée. Ces halles modernes abriteront le marché du centre-ville pendant presque un siècle, jusqu'aux travaux des années 1970 qui réorganiseront à nouveau cet espace. En 2020, un nouveau projet doit permettre d'aérer et de réhabiliter à nouveau le quartier des Halles.

↑ Carte postale des Halles de Michelin.

↑ Marché aux bovins sur la place de la Vendée.

↑ Vue d'architecte des Halles en 2020.

# DU VERT DANS LA VILLE :
## PARCS ET JARDINS

Dès la création de la ville, la dimension verte est bien présente. À cette époque, les ingénieurs sont influencés par les théories hygiénistes et fonctionnalistes en vigueur. L'Empereur en personne recommande de donner à la plupart des maisons des cours et des jardins. C'est l'idéal antique qui se manifeste à travers ces conceptions, avec la volonté affichée d'aérer la ville, d'ouvrir les rues et les habitations à la lumière, de tracer de vastes promenades plantées d'arbres, générateurs d'oxygène. Ainsi, les parcs et les jardins trouvent naturellement leur place dans le plan de la ville dès sa conception, d'autant plus que la présence de l'Yon à l'intérieur du périmètre de la ville nouvelle a été expressément maintenue, formant un ensemble de vallées agréables à la promenade.

Aujourd'hui encore, elle en porte la marque : jardins clos du centre-ville, squares ouverts sur de larges perspectives, parcs arborés font de la ville un grand espace horticole.

L'aménagement s'est poursuivi jusqu'à ces dernières années, avec par exemple la création d'une retenue d'eau artificielle, le Moulin Papon, qui est devenu le lieu de promenade le plus apprécié des habitants grâce à ses 90 ha et le développement de nombreuses activités liées à la marche et au nautisme.

↑ Jardin des Compagnons.
Petit jardin clos au cœur de la vieille ville, le Jardin des Compagnons accueille souvent, l'été, des représentations théâtrales dans un cadre qui contribue à son charme.

Jardin de la Mairie.
Entre le musée et l'Hôtel de Ville, ce petit jardin qui abrite un couple d'amoureux de marbre respire le calme... sauf l'été lorsque des concerts y sont donnés !

Typique de l'architecture du début du XXᵉ siècle, la cité-jardin du Roc s'adapte au relief accidenté du quartier d'Ecquebouille et rassemble les premières « HLM ».

Jardin François-Mitterrand.
Ce square, qui relie la préfecture à la rue Jean-Jaurès et au théâtre, est toujours fleuri avec un soin particulier. Il est mis en valeur par les façades homogènes qui entourent la place, offrant un beau cadre harmonieux au fond duquel la préfecture trouve naturellement sa place.



# La cité du Roc

Au-dessus de la vallée de l'Yon, en face de l'ancien château, le quartier du Roc abrite notamment la Maison du Sénéchal et ses jardins en terrasse, datant de la première moitié du XVIIIᵉ siècle. Devenu insalubre, le quartier est totalement modernisé au début du XXᵉ siècle, sous l'impulsion d'Antoine Nathalis Mazen, ingénieur des chemins de fer, et devient la cité-jardin du Roc. Nouvelles normes d'hygiène, meilleur confort et modernisation sont les maîtres-mots. Les maisons individuelles ou jumelles sont organisées autour de passages, venelles et jardins privatifs qui donnent un charme particulier à ce quartier…

Cours Bayard, liaison entre la préfecture et le haras.
La promenade d'origine devient le square Bayard dès 1822. D'une superficie d'1 ha, c'est à partir des années 1930 qu'il sera aménagé à la manière d'un mail et deviendra un lieu incontournable de promenades et de manifestations.

↑ Carte postale de la Gare.

Au XIXe siècle, c'est sous une immense verrière que les voyageurs sont accueillis à La Roche-sur-Yon.



↓ Kiosque.

Seconde moitié du XIXe siècle. L'émergence d'une société de loisirs appelle de nouveaux bâtiments publics, tels que le théâtre, le musée municipal ou encore ce beau kiosque à musique réalisé en 1884 par l'architecte de la ville. Il permet, sur la place Napoléon, l'organisation de défilés, de spectacles et de concerts.

# PERSONNAGES CÉLÈBRES

↓ *La lutte de Jacob avec l'ange* de Paul Baudry.

## Paul Baudry

Injustement méconnu aujourd'hui, Paul Baudry fut l'un des plus grands représentants de la peinture académique sous le Second Empire. Parmi ses titres de gloire, il fut membre de l'Académie des beaux-arts, créateur du billet de 100 F de 1882 (!), Grand Prix de Rome en 1850, qui lui fut décerné pour son *Zénobie trouvée par des bergers sur les bords de l'Araxe*. Mais il a réalisé de nombreuses autres œuvres – portraits, compositions et décorations murales –, notamment le plafond du foyer de l'Opéra Garnier que lui commanda Napoléon III et sur lequel il a travaillé pendant dix ans. Né à La Roche-sur-Yon, c'est à cette ville qu'il a légué ou vendu la majeure partie de ses œuvres, contribuant grandement à la création des premiers fonds du musée municipal.



## Benjamin Rabier

↓ La célèbre *Vache qui rit* de Benjamin Rabier.

C'est à La Roche-sur-Yon que l'illustrateur de génie a passé les premières années de sa vie. C'est en travaillant dans plusieurs revues françaises qu'il commence à publier ses dessins, se spécialisant notamment dans le dessin pour enfants. Ses années de collaboration avec *L'Assiette au beurre*, *Le Chat noir*, *La Jeunesse illustrée* ou *Le Pêle-Mêle* le rendent célèbre en France mais aussi en Angleterre et aux États-Unis. Théâtre, dessin animé, publicité : rien ne l'arrête et son traitement du dessin animalier lui vaut une reconnaissance immense. On lui doit la célèbre *Vache qui rit* des Fromageries Bel, la *Baleine* du sel du même nom et de nombreux autres personnages demeurés célèbres dans l'imaginaire enfantin de ce début de XX^e^ siècle : Gédéon, Tintin-Lutin, les personnages illustrés des *Fables* de la Fontaine…

Le musée de La Roche possède aujourd'hui un grand nombre de ses œuvres qui font régulièrement l'objet d'expositions.

## René Couzinet

Ingénieur aéronautique et constructeur d'avions, René Couzinet est né au début du XX$^{e}$ siècle à quelques kilomètres de La Roche-sur-Yon. Toute sa vie, il poursuit ses projets de constructions et d'études aéronautiques, sacrifiant tout à ses différents aéroplanes, les Arcs-en-ciels, ces trimoteurs qui furent les premiers à traverser l'Atlantique-Sud. Mais il y eut aussi les Couzinet, les Biarritz ou encore ces drôles de machines qu'il construisit, des hydroglisseurs ou des aérodynes, dont on peut voir les maquettes aujourd'hui encore à La Roche-sur-Yon, puisque c'est là que son frère a légué toutes ses archives.

René Couzinet est souvent qualifié de génie par les historiens de l'aviation, malgré les échecs terribles auxquels il a été confronté. Ce n'est donc pas tout à fait un hasard si l'aérodrome de La Roche-sur-Yon porte aujourd'hui son nom.



## Raoul Ponchon

Né en 1848 à La Roche-sur-Yon (à l'époque, Napoléon-Vendée), Raoul Ponchon a eu une vie étonnante, fréquentant essentiellement les ateliers, salons de peinture et cénacles littéraires parisiens, publiant des textes divers, notamment dans les gazettes rimées où il tient chaque semaine des chroniques versifiées. Malgré sa modestie, se considérant lui-même comme « un petit rimailleur du quotidien », il devient membre de l'Académie Goncourt et est fait chevalier de la Légion d'honneur. Quelques aphorismes amusants sont restés de lui, tel celui-ci :

*Caen a ses tripes; Cologne*
*Son eau Farina; Bologne*
*Sa mortadelle et Lyon*
*Peut vanter à juste titre*
*Ce fier éperon au litre*
*Son saucisson de Lyon ;*
*Si vous désirez connaître*
*La ville qui m'a vu naître:*
*C'est toi, La Roche-sur-Yon!*

↑ Maquette d'un Arc-en-ciel de René Couzinet.

## Cécile Sauvage

Considérée comme « la poètesse de la maternité », Cécile Sauvage est née à La Roche-sur-Yon en 1883, comme le rappelle une plaque apposée sur sa maison natale. Mère du compositeur Olivier Messiaen, qui décrit sa propre enfance comme « un univers féérique », elle a toujours fait preuve, dans ses œuvres, d'une poésie incarnée et touchante par sa simplicité et son éloge de la nature. Est-ce de son enfance à La Roche et de ses souvenirs vendéens qu'elle a tiré ces *Vœux simples* ?

*Vivre du vert des prés et du bleu des collines*
*Des arbres racineux qui grimpent aux ravines*
*Des ruisseaux éblouis de l'argent des poissons ;*
*Vivre du cliquetis allègre des moissons,*
*Du clair halètement des sources remuées,*
*Des matins de printemps qui soufflent leur buée,*
*Des octobres semeurs de feuilles et de fruits*
*Et de l'enchantement lunaire au long des nuits*
*Que disent les crapauds sonores dans les trèfles*
*Ne rien savoir du monde où l'amour est cruel*
*Prodiguer des baisers sagement sensuels*
*Ayant le goût du miel et des roses ouvertes*
*Ou d'une aigre douceur comme les prunes vertes*
*À l'ami que bien seule on possède en secret.*

## Charles Payraudeau

Originaire de La Chaize-le-Vicomte, Charles Payraudeau est un naturaliste de génie qui vécut au XIX^e^ siècle, passionné notamment par les mollusques, les insectes, les mammifères et les oiseaux. Son immense collection, malheureusement amputée, demeure le matériel d'études et de recherches du premier naturaliste qui fit systématiquement l'inventaire de la faune corse, apportant aux sciences naturelles 73 espèces animales jusqu'alors inconnues !

C'est lui également qui est à l'origine de l'hospice Payraudeau, à sa demande construit après sa mort et qui a, entre autres titres de gloire, servi de décor au film *Les Vieux de la vieille*, qui réunit Jean Gabin, Pierre Fresnay et Noël-Noël en 1960 !

Le musée ornithologique Payraudeau rend aujourd'hui hommage à ce collectionneur de talent.

## Céleste Bulkeley

Céleste Bulkeley a dû être un sacré personnage ! Née à Angers en 1753, elle perd son premier mari, Louis de la Brossardière, en 1779, lequel lui laisse une fille et son château de la Brossardière, situé à La Roche-sur-Yon. Elle épouse alors son voisin, un lieutenant irlandais, William de Bulkeley. Il prend la tête de l'insurrection vendéenne dans le district de La Roche-sur-Yon entre 1793 et 1794, date de sa mort, tandis qu'elle s'illustre notamment parmi les « amazones » de Charette. Ayant survécu aux guerres de Vendée, Céleste aura encore deux maris, dont un ancien soldat de la République qu'elle avait combattue (!), avant de s'éteindre à Angers, à l'âge de 78 ans. L'image de cette femme couvrant la retraite des Vendéens, les armes à la main, est restée célèbre pendant tout le XIX^e^ siècle !

Chateau de la Brossardière.
Hasard ou ironie du sort, c'est dans ce château que Céleste Bulkeley vécut et organisa la résistance vendéenne ; le même qui servit au premier préfet, Jean-François Merlet, lorsque celui-ci s'installa à La Roche-sur-Yon en 1804.

# Tintin serait-il Yonnais ?

Plusieurs faisceaux d'indices laissent à penser que Tintin a des racines à La Roche-sur-Yon ! L'influence de Benjamin Rabier, tout d'abord, dessinateur animalier originaire de La Roche-sur-Yon et dont Hergé disait qu'il l'avait beaucoup inspiré. Simplicité des traits, lisibilité des dessins, expressivité des personnages, l'atmosphère développée par Rabier saura conquérir le dessinateur belge, tout comme certains de ses dessins, comme le Tintin-Lutin, ou Onésime, dont la houppette rousse fait étrangement penser à notre célèbre reporter…

Un autre personnage, yonnais lui aussi, a pu inspirer Hergé : Robert Sexé. Grand reporter, motocycliste, photographe et globe-trotter français, il a plusieurs fois fait le tour du monde en moto – notamment avec son mécanicien Milhoux ! – et mené une vie aventureuse dont les similitudes avec celle de Tintin sont étonnantes, similitudes que l'on retrouve en comparant photos de l'aventurier et cases des albums !

De là à conclure que deux Yonnais sont à l'origine de la création de Tintin, il n'y a qu'un pas !

Robert Sexé à moto… Un petit air de Tintin, non ?

Le petit Onésime de Benjamin Rabier.

# LA VILLE
## D'HIER À AUJOURD'HUI

L' évolution de la ville s'est faite par à-coups à partir de sa refondation au début du XIXe siècle. Dans son rapport avec le reste du département, déjà, la ville a dû s'imposer comme un repère administratif et militaire, représentant l'État, au milieu d'un bocage d'esprit indépendant et très imprégné des épreuves des guerres de Vendée. Il faudra plus de cent soixante-dix ans pour que cet état d'esprit commence à s'estomper.

De 1804 à 1815, la ville a été un immense chantier, de sorte que son développement se poursuit de manière plus lente jusqu'à l'arrivée du chemin de fer qui, en 1866, marque une nouvelle étape dans l'agrandissement de la cité. À cette époque, le pentagone n'est pas encore totalement « rempli » et seulement 9000 habitants peuplent la ville. Puis, peu à peu, la ville déborde du pentagone et commence à gagner les alentours, tandis que des équipements publics fleurissent pour accompagner la modernisation de la capitale de la Vendée.

C'est la grande époque des hôtels particuliers dont les jolies façades, sous l'influence des architectes municipaux, viennent habiller les rues de la ville. L'élan est donné à la fin du XIXe siècle avec l'installation, autour du quartier de la gare, d'une succursale de la Banque de France et de la chambre de commerce et d'industrie.

Dans les faits, il faudra attendre 1930 pour que la population atteigne 15000, le nombre qui avait été souhaité par Napoléon Ier plus d'un siècle auparavant! C'est au fil du XXe siècle que sont construits d'autres bâtiments publics, comme l'église du Sacré-Cœur dont l'édification s'échelonne de 1923 à 1951 dans l'axe du théâtre, prolongeant ainsi le rationalisme urbain cher aux ingénieurs napoléoniens.

↖ Façades d'immeubles : CCI et hôtels particuliers.

↑ **Église du Sacré-Cœur**, dont la façade et la structure présentent une architecture néobyzantine.

L'un des symboles forts de la modernisation de la ville est le remplacement en 2010 de la passerelle de la gare, datant de 1907, par une nouvelle liaison ancrant définitivement La Roche-sur-Yon dans le XXI^e siècle.

← Passerelle de la gare par les architectes Tschumi-Dutton : 160 tonnes d'acier, 10 km de soudures !

# LES ANIMAUX DE LA PLACE

Lors de l'expédition que Napoléon organisa en Égypte en 1798, il emmena avec lui plusieurs dizaines de savants. Ceux-ci avaient constitué un étonnant bestiaire d'animaux mécaniques qui leur permettait d'étudier en toute discrétion la flore et la faune locales.

La légende raconte qu'à la création de la ville, sous les ordres de Napoléon, certains scientifiques choisirent de conserver à La Roche leur précieux bestiaire. Disparu pendant «de nombreuses d'années», il a été retrouvé lors du réaménagement de la place Napoléon en 2013, faisant le plaisir des petits et des grands qui peuvent manipuler à loisir ces animaux tout droits venus d'Égypte !

Et voilà comment on retrouve en plein milieu du bocage un dromadaire, un hippopotame, des flamants roses et d'autres animaux assez inhabituels dans ces parages !

↑ Dromadaire de la place.

↑ Hippopotame de la place.

## Une place vivante peuplée d'animaux extraordinaires

Les bassins de la place Napoléon forment un véritable écosystème avec une faune et une flore spécifiques. Ils fonctionnent en circuit fermé, sans apport d'eau potable. Vivants, les plans d'eau assurent leur propre entretien. Ils sont alimentés par l'eau de pluie récupérée sur les toitures des bâtiments autour de la Place. Vous pourrez également y apercevoir des carpes koï, des libellules, des poules d'eau et de temps en temps un héron... ! Plus de 50000 fleurs, plantes et arbres agrémentent la place : érables, palmiers, tulipiers de Virginie, arbres à miel, lotus, jonc, acanthes, lis des marais, salicaires, nénuphars... font de cette place au cœur du centre-ville de La Roche-sur-Yon un véritable poumon vert.

↓ L'une des grenouilles de la place.

↑ Flamants roses de la place.

# LA VALLÉE DE L'YON

Élément structurant du territoire, l'Yon serpente sur une cinquantaine de kilomètres du nord au sud de La Roche-sur-Yon et offre une grande variété de paysages et d'ambiances, formant une succession de différentes vallées.

L'activité des moulins, à eau et à vent, a été importante jusque dans les années 1980, l'Yon accueillant jusqu'à 80 moulins en activité !

Le barrage de Moulin Papon est construit en 1970 pour réguler le cours de l'Yon permettant d'alimenter l'agglomération en eau potable. Dans un environnement alternant berges escarpées et zones boisées, il offre la perspective de superbes randonnées et de sympathiques coins de pêche et d'activités nautiques.

Mais c'est au chaos de Piquet, sur la commune du Tablier, qu'il faut se rendre pour observer le dépaysement le plus incroyable. Sauvage et romantique, ce site semble avoir été l'objet d'un jeu d'osselets entre géants, comme en témoignent les lourdes roches de granit qu'on appelle ici « marmites de Gargantua ». On y découvre également les bâtiments d'une ancienne filature de 1861 autrefois actionnée par une grande roue à aubes. Un pignon signale la trace d'une teinturerie qui la jouxtait.

Au coeur de la ville, la vallée de l'Yon.

↑ Le site de Piquet, sur la commune du Tablier

# Le moulin de Rambourg

Le moulin à eau situé sur le site de Rambourg, à Nesmy, date du XIIIe siècle. Les archives permettent de remonter jusqu'à une période assez ancienne pour constater que c'est la même famille qui a tenu le moulin pendant des siècles ! Le dernier meunier a pris sa retraite en 1981, mais toutes les installations sont restées en place pour aujourd'hui encore permettre aux visiteurs de découvrir le fonctionnement et les mécanismes du moulin resté niché dans son écrin de verdure.

↓ Le moulin de Rambourg, à Nesmy.

# Bibliographie

*La Ville de Napoléon* (3 t.), de Henri Brunetière (Éd. d'Orbestier).
*Napoléon, ville de Vendée. La naissance de La Roche-sur-Yon,* de Roger Levêque (Centre vendéen de recherches historiques).
*Histoire de La Roche-sur-Yon,* de Marcel Faucheux (Georges Bonnin Éd.).
*Le Patrimoine des communes de Vendée* (Flohic Éd.).
*Autour de la ville de Napoléon.Colloque de La Roche-sur-Yon* (Presses universitaires de Rennes).
*La Roche-sur-Yon, une ville capitale* (Éd. Le Cercle d'or).
*À la découverte de La Roche-sur-Yon par les sentiers,* Comité yonnais pour la promotion de la randonnée (Édité par les soins de la Ville de La Roche-sur-Yon).
*En Vendée, La Roche-sur-Yon,* de A. Bretaud (Édité par les soins de la Ville de La Roche-sur-Yon).
*Monographies des villes et villages de France. Chroniques paroissiales. Chantonnay, La Roche-sur-Yon et leurs environs,* de l'abbé Aillery (Le Livre d'histoire).
*Saint Lienne et son prieuré,* de l'abbé L. Rousseau (Raoul Ivonnet).
*La Chaize le Vicomte. Guide historique,* de L. Gautier, J. Vimpère, M. Doguin et M. Gautier (Geste Éditions).
*Église Saint-Louis, La Roche-sur-Yon. Deux siècles d'histoire,* de A. Delaval (Éd. d'Orbestier).
*Haras de La Roche-sur-Yon. Deux siècles de passion du cheval,* de Martial Caillaud (Éd. d'Orbestier).
*La Roche-sur-Yon et son développement* de Gwennolé Le Bourg (service musée et patrimoine de la ville).

# Crédits photographiques



Ville de La Roche-sur-Yon: pp.1,3, 19, 21 (Hôtel de Ville), 24, 25, 35 (Enet Dowoni), 37, 38, 47 (Sacré Cœur) et 52.
Archives municipales de La Roche-sur-Yon: pp. 5, 10, 11, 17, 18, 22, 40 (gare), 34, 35 (marché), et 44.
Office de tourisme de La Roche-sur-Yon et son agglomération: pp. 2, 6, 7, 8, 9, 12, 13, 16, 20, 21 (préfecture), 23, 26, 27, 28, 29, 40 (kiosque), 32, 33, 36, 39, 42, 46, 47 (passerelle), 48, 49, 50, 51, 53, 54.
Statue Notre-Dame de La Roche p.24: église Saint-Louis.
Conseil départemental de la Vendée: p. 30 (David Fugère).
Photo aérienne du Haras p.31: Francis Gardeur.
Dessins des pages 41 à 44: Marie-Hélène Lamiot.
*La lutte de Jacob avec l'ange,* de Paul Baudry p.42. Collection du Musée de La Roche-sur-Yon (Jacques Boulissière, 2007).
*Onésime,* p.45 Médiathèque Benjamin Rabier.
Photo de Robert Sexé p.45: Jan Pol Schulz.

Par ce logo, nous témoignons d'une volonté de réduire les impacts environnementaux liés aux activités de l'imprimerie. Nous choisissons un imprimeur impliqué dans la réduction des gaz à effet de serre. Le choix de nos papiers assure que la production a été faite à partir d'un produit à base de bois et a suivi le cahier des charges d'une gestion durable des forêts européennes. Achevé d'imprimer chez Graspo en Union européenne en avril 2018.

LA GESTE
11, rue Norman-Borlaug
79260 La Crèche

Mise en pages : Sarah Ponzo

Dépôt légal : premier semestre 2018